Opportuniteiten

Investeringskansen voor

iedereen,

ongeacht de grootte
van uw portefeuille.

Investeren
in
VANADIUM

E.E.J. Convens

Gaelic Victors

Copyright © 2018 E.E.J. Convens

All rights reserved.

ISBN-13: 978-1790177776

ISBN-10: 1790177776

D/2018/14.286/7

Nur Code : Pockets non-fiction
Nur Code 2 : non-fiction informative/general

No part of this publication may be reproduced, stored in a retrieval system, or transmitted, in any form or by any means, without the prior permission in writing of the publisher, nor be otherwise circulated in any form of binding or cover other than that in which it is published and without a similar condition including this condition being imposed on the subsequent purchaser.

The author and publisher reservesthe right not to be responsible for the topicality, correctness, completeness or quality of the information provided. Liability claims regarding damage caused by the use of any information provided, including any kind of information which is incomplete or incorrect, will therefore be rejected.

Always do your own due dilligence before investing and make sure your investment suits your investor profile.

www.gaelicvictors.com

Inhoudstabel

Introductie
                                                  pag.: 4
Disclaimer
                                                  pag.: 5
Dankwoord
                                                  pag.: 6
Vanadium, materiaal update
                                                  pag.: 7
VRFB technologie
                                                  pag.: 9
Nieuwe standaard voor de vanadium verwerkende staalindustrie
                                                  pag.: 12
Grootste vanadium producerende landen
                                                  pag.: 19
Literatuurlijst
                                                  pag.: 24

Opportuniteiten: Investeringskansen voor iedereen, ongeacht de grootte van uw portefeuille.

Introductie

De meest interessantste investeringsopportuniteiten bevinden zich in de commodities. Door de vooruitstrevende technologische ontwikkelingen zoals onder andere, de batterij ontwikkeling voor de elektrische voertuig industrie, waarbij momenteel de hedendaagse innovatie een enorme impact heeft op niet alleen de levensduur, maar ook voor de opslagcapaciteit zijn het afgelopen jaar reeds verschillende Bull markten ontstaan.

Eén van de nieuwe grondstoffen die veel stof heeft doen opwaaien en die volgens onderzoekers een blijvende impact heeft op de ontwikkelingen van de batterij is vanadium.

Vanadium wordt wel een nieuwe grondstof genoemd maar het is reeds sinds lange tijd in gebruik voor andere toepassingen. Henry Ford paste het toe bij de ontwikkeling van de T-Ford, welke als eerste in massa productie werd vervaardigd.

De vanadium hype die momenteel woedt bied uiteraard zeer interessante investeringskansen.

Disclaimer

Alle overzichten die in dit schrijven zijn weergegeven zijn persoonlijk van de auteur en worden niet ondersteund door de bedrijven die worden genoemd. Voordat u in aandelen belegt, moet u uw eigen onderzoek doen inzake de financiële cijfers en andere aspecten van het bedrijf.
U bent dus verantwoordelijk voor uw eigen successen en mislukkingen en de auteur kan hiervoor niet verantwoordelijk of aansprakelijk worden gesteld.
Alle overzichten en informatie die in dit schrijven worden aangehaald, zijn alleen informatief en kunnen niet worden beschouwd als beleggingsadvies.
Investeren is een persoonlijke zaak en de auteur kan nooit verantwoordelijk worden gesteld voor investeringen in aandelen die zijn gekocht op basis van de auteurs bevindingen.

Houd er rekening mee dat de gegeven analyses slechts de hoofdlijnen zijn en dit om u te stimuleren om uw eigen onderzoek over het onderwerp of aandeel te doen.

Opportuniteiten: Investeringskansen voor iedereen, ongeacht de grootte van uw portefeuille.

Dankwoord

Voor mijn vrienden en mijn vrouw, die me ertoe hebben gebracht om mijn bevindingen op papier te zetten.

Vanadium, materiaal update

Vanadium werd door de Spaans – Mexicaanse minero-
loog Andrés Manuel Del Rio ontdekt in 1801.
Deze ontdekking werd aanvankelijk niet erkend, totdat
de Zweedse Chemicus Nils Gabriel Sefström het her-
ontdekte in 1831. De Duitse scheikundige Friedrich
Wöhler bevestigde de ontdekking van Andrés Manuel
Del Rio in datzelfde jaar (1).
Vanadium is een metaal element met het symbool V en
het atomisch nummer 23.
Vanadium in zijn zuivere vorm is een zacht, zilverkleu-
rig grijs en makkelijk te vervormen metaal.
Het is goed bestendig tegen corrosie en zuren. In zijn
zuivere vorm wordt vanadium vrijwel nergens in toege-
past. Het wordt voornamelijk gebruikt in combinatie
met andere metalen, ook wel legeringen genaamd.
Een staal-vanadium legering verhoogd de staalkwaliteit
in sterkte en rekbaarheid. Verder geeft het aan staal een
betere buigzaamheid en lasprocedures worden er zeer
positief door beïnvloed. Ook draagt vanadium bij tot
een betere weerstand tegen metaalmoeheid.
Voor de meeste onder ons is vanadium voornamelijk
gekend door de gereedschapslegering Chroom-

Vanadium. Veel handgereedschappen zoals ring en steeksleutels, dopsleutels en dergelijke zijn hieruit vervaardigd. Deze legering geeft gereedschap een betere hardbaarheid en maakt het bestendiger tegen corrosie. De hoeveelheid vanadium die voor traditioneel gebruik bij gelegeerd staal wordt toegevoegd varieert van 0,05 tot 0,10 %.

Bij en legering zoals High Speed Steel (hoge snelheidsstaal) kan dit oplopen tot 1%, voornamelijk voor het produceren van snijgereedschap.

Vanadium heeft een atoomgewicht van 51 en een smeltpunt van 1900 ° Celsius (of 3450 ° F).

De invloed van de kristalline structuur op de structuur van ijzer is die van ferrietvormer (2).

Een andere toepassing dan gereedschap is dat vanadium – staal legeringen ook worden gebruikt bij onderdelen die een zwaardere belasting dienen te kunnen weerstaan. Denken we hierbij aan bvb assen voor de voertuigbouw.

Vanadium – aluminium – titanium legeringen zijn dan weer van toepassing bij de bouw van straalmotoren.

Vanadium pentoxide (V_2O_5) wordt gebruikt bij keramische materialen,

Vanadium pentoxide in combinatie met gallium wordt dan weer gebruikt voor het maken van supergeleiders.

VRFB technologie
(Vanadium Redox Flow Battery)

In 2015, kwam er een nieuwe vanadium technologie tot stand en word de conventionele batterij stilaan verdrongen door de Vanadium Redox Flow Battery (vanadiumstroombatterij). Deze batterijen zijn zeer interessant voor het opslaan van zonne-energie en windenergiegeneratoren.

Een ander voordeel van vanadiumstroombatterijen is dat ze een veel langere levensduur hebben in tegenstelling tot de conventionele batterijen. Vanadiumstroombatterijen zijn ook meer ecologisch en vergen beduidend minder onderhoud.

Een zeer interessante Vanadium producent uit Australië die ook betrokken is bij de financiering en ontwikkeling (productie en verkoop) van vanadium redoxbatterijen is Australian Vanadium ltd.

Meer informatie hierover kan u terugvinden op de bedrijfswebsite via:

http://www.australianvanadium.com.au/vanadium-batteries/

Australian Vanadium ltd
Listing: ASX: AVL
Bedrijfsoprichting: 2005
Analyse op 6 november 2018
Cijfers uit het jaarverslag van 2017

Australian Vanadium is een gezond bedrijf met een Quick Ratio van 7,35 gebaseerd op het jaarverslag van 2017.

Het bedrijf heeft geen problemen om op korte termijn de rekeningen te kunnen betalen.

Het bedrijf heeft geen verplichtingen op lange termijn en het heeft ook geen schulden.

De boekwaarde of intrinsieke waarde is 0,08 Australische dollar en de prijs per aandeel is op datum van deze analyse 0,044 Australische dollar. Het bedrijf wordt ondergewaardeerd.

Het management en eventuele andere internen hebben 11% van de aandelen in bezit.

Het gros van de aandelen is vrij verhandelbaar en worden door het algemeen publiek gehouden.

Het vlaggenschip van het bedrijf is het Gabanintha project in West Australië.

Een mijnbouw vergunning is momenteel in aanvraag. Meer informatie over het Gabanintha Vanadium Project:
http://www.australianvanadium.com.au/asset-overview/project-summary/

Houd er rekening mee dat de gegeven analyses slechts de hoofdlijnen zijn en dit om u te stimuleren om uw eigen onderzoek over het onderwerp of aandeel te doen.

Opportuniteiten: Investeringskansen voor iedereen, ongeacht de grootte van uw portefeuille.

Nieuwe standaard voor de Vanadium verwerkende staalindustrie

De Chinese administratie voor standaardisering heeft laten weten dat er een nieuwe hoge-sterkte wapeningstandaard werd aangenomen en deze is op 1 november 2018 in werking getreden.
De vraag naar vanadium is hoger dan het aanbod, waardoor de vanadium prijs gedurende de laatste 2 jaar met 840% is gestegen.

Deze nieuwe standaard vereist dat er 0,03% meer vanadium dient te worden verwerkt in staal klasse drie. Deze hoeveelheid dient toe te nemen bij iedere graad om 0,1% te verkrijgen bij betonstaal klasse vijf.
Deze nieuwe standaard zal er toe leiden dat de vraag – aanbod verhouding nog groter wordt waardoor de vanadium prijs nog verder zal toenemen. Ook de prijs van vanadium pendoxide is sinds 2017 met maar liefst 800% toegenomen. Een ander vanadium product, ferrovanadium is dan weer met 300% toegenomen in

prijs. Ook wordt er door de toenemende vraag een zekere schaarste verwacht op relatief korte termijn (3). Verder heeft China ook een nieuw importverbod op vanadiumslakken. Door deze nieuw maatregelen wordt er aangenomen dat er een tekort van 12,500 ton zou kunnen ontstaan. Dat zou zo'n 16% zijn van de wereldwijde productie in 2017 (4).
China is de grootste verbruiker en producent van vanadium maar deze maatregelen dragen ertoe bij dat China ook meer vanadium zal gaan importeren.

Vanadium wordt zelden in grote hoeveelheden gevonden waardoor er geen tot weinig mijnbedrijven zijn die zich hierin hebben gespecialiseerd. Vanadium is vaak een bijproduct van de mijn industrie en het wordt aangetroffen in afzettingen van ruwe olie, bauxiet, oliehoudende leisteen, kolen, teerzanden en vanadium houdend magnetietijzererts.

Enkel als de vraag en de spotprijs van vanadium hoog genoeg blijft kan het commercieel interessant genoeg zijn om uitgeputte oliebronnen opnieuw te onderzoeken en het vanadium te ontginnen (5).

Opportuniteiten: Investeringskansen voor iedereen, ongeacht de grootte van uw portefeuille.

Meer weten over Vanadium uit Australië:
http://www.ga.gov.au/scientific-topics/minerals/mineral-resources-and-advice/australian-resource-reviews/vanadium

Het Australische King River Copper, een van oorsprong goud, zilver en koper exploratie bedrijf, heeft in 2017 in hun vanadium, titanium en ijzer project Speewah Dome, welke 100% eigendom is een hoogwaardig concentraat van 2,61% Vanadium pentoxide (V2O5) gevonden (6).

In hun Australian Securities Exchange Announcement van 1 november 2018 laat het bedrijf weten dat er verkennende studie is uitgevoerd naar een potentiële uitbouw van een open pit mijn.

King River Copper heeft een conceptstudie voltooid naar de haalbaarheid tot het produceren van vanadium in de vorm van een standaardkwaliteit (+ 98%) en hoge zuiverheid (+ 99,5%),
vanadiumpentoxide (V2O5) en vanadiumelektrolyt (VE) en ook titaniumdioxide (TiO2) en ijzeroxide (Fe2O3) (7).

Deze studie is gebaseerd op de Austral-Aziatische code voor het rapporteren van exploratie resultaten (JORC), die worden geclassificeerd als 100% gemeten en gerapporteerd (8).

King River Copper

Listing: ASX: KRC
Bedrijfsoprichting: 2002
Analyse op 7 november 2018
Cijfers uit het jaarverslag van 2 oktober van 2018

King River Copper is een gezond bedrijf met een Quick ratio van 13,7 waardoor het bedrijf geen problemen heeft met het betalen van de rekeningen op korte termijn. Het bedrijf heeft tevens voldoende cashflow om aan de lange termijn verplichtingen te voldoen.

King River Copper heeft geen schulden.

De intrinsieke waarde of boekwaarde van het bedrijf is 0,24 Australische dollar en de prijs per aandeel is vandaag (7 november 2018) 0,044 Australische dollar.

De aandelen van het bedrijf zijn dus ondergewaardeerd.

Het management bezit 16% van de aandelen en 79% van de aandelen wordt door het algemeen publiek gehouden.

Investeren in King River Copper is "going long", investeren op lange termijn.

De groei gaat hoofdzakelijk komen wanneer het bedrijf voldoende financiële fondsen kan verzamelen voor het

uitbouwen van een mijn. Wanneer dit niet het geval is kan het zijn dat er een joint-venture dient te worden gevormd. Dit kan nadelig zijn daar het belang van 100% dan in het gedrang komt.
Meer informatie over King River Copper:
https://www.kingrivercopper.com.au/

Houd er rekening mee dat de gegeven analyses slechts de hoofdlijnen zijn en dit om u te stimuleren om uw eigen onderzoek over het onderwerp of aandeel te doen.

Een derde Australisch bedrijf met een zeer groot vanadium project is Aura Energy. Met het Zweedse project Häggån heeft het een zeer groot en onontwikkeld project van vanadium en andere batterijmetalen.

Het Häggån project is gelegen in een moeras en bos gebied welke voornamelijk wordt benut voor bosbouw. Zweden heeft een actieve mijnindustrie en de duidelijke wetgeving aangaande de mijnindustrie maakt het mogelijk om van deze exploratie een producerende mijn te maken.

Het project heeft een groot vanadium, zink, molybdeen en nikkel gehalte met een bijkomende 6850000 Metrische ton vanadiumpentoxide (V_2O_5).

Aura Energy

Listing: ASX: AEE

Bedrijfsoprichting: 2005

Analyse op 11 november 2018

Cijfers uit het jaarverslag 2018

Het bedrijf heeft een Quick ratio van 8,23 en heeft dus geen probleem om de rekeningen te betalen op korte en lange termijn, Aura Energy heeft geen schulden
Het aandeel staat vandaag aan 0,018 Australische dollar genoteerd en heeft een boekwaarde van 0,13 Australische dollar. Het aandeel is ondergewaardeerd.
Heel interessant om weten is dat het management / internen 25% van de aandelen in bezit heeft en dus begaan is met de aandeelhouderswaarde van het bedrijf. Het algemeen publiek bezit ca 39% van de aandelen. Verder wordt 9% van de aandelen door privé bedrijven gehouden en 27% door institutionelen.

Aura Energy is geen aandeel welke je koopt voor de korte termijn. Het uitbouwen van een potentiële mijn neemt enkele jaren tijd in beslag.
Meer info over Aura Energy en hun projecten:
http://www.auraenergy.com.au/

Opportuniteiten: Investeringskansen voor iedereen, ongeacht de grootte van uw portefeuille.

Houd er rekening mee dat de gegeven analyses slechts de hoofdlijnen zijn en dit om u te stimuleren om uw eigen onderzoek over het onderwerp of aandeel te doen.

Grootste vanadium producerende landen

De absolute nummer 1 als producent maar ook als consument van Vanadium is China.

In 2016 produceerde China maar liefst 45000 Metrische Ton Vanadium.

2017 werd er 43000 Metrische Ton Vanadium geproduceerd, een 2000 Metrische Ton minder dan het jaar voordien.

Rusland is de tweede grootste Vanadium producent met een productie van 16000 Metrische Ton in 2016 en in 2017.

Zuid Afrika heeft de Vanadium productie zien groeien van 13000 Metrische Ton in 2017, tegenover slechts 3000 Metrische Ton het jaar voordien. Dit is maar liefst een stijging van meer dan 300% en verdient daarmee de titel van derde grootste vanadium producent.

Als vierde grootste producent komt Brazilië waar de productie in 2017 een 400 Metrische Ton hoger lag dan de 8000 Metrische Ton die werd geproduceerd in 2016.

Largo Resources (TSX: LGO) heeft er 's werelds interessante vanadiummijn, het Maracas Menchen project.

Opportuniteiten: Investeringskansen voor iedereen, ongeacht de grootte van uw portefeuille.

Largo Resources

Listing: TSX: LGO
Listing: OTCQX: LGORF
Bedrijfsoprichting: 1988
Analyse op 11 november 2018
Cijfers uit het financieel verslag van het 2de kwartaal 2018 (un audited)

De Quick ratio van het bedrijf is 1,26 waardoor het geen problemen heeft de rekeningen te betalen op korte termijn.

De cashflow laat zien dat er ook voor de lange termijn verplichtingen geen probleem is.

In de metaal en mijn industrie heeft Largo Resources het het laatste jaar veel beter gedaan dan zijn collega's .

Door de stijgende vraag naar vanadium wordt verwacht dat de omzet met ca 20% op jaarbasis gaat groeien.

Bij verdeling van de aandelen zien we dat het managment of internen een belang hebben van 3% van de aandelen, Institutionelen 13%, het algemeen publiek 37% en de overige aandelen horen toe aan prive bedrijven en verwanten.

Largo Resources is één van de vanadium producerende mijnen met de laagste productie kost.

Er worden voornamelijk vanadium schilfers, vanadium schilfers met zeer hoge zuiverheid en hoogzuiver vanadium poeder geproduceerd.

Een ander lopend project in Brazilië is het Campoi Alegre project met een oppervlakte van ca 9300 hectaren. Dit project huisvest een groot eersteklas ijzer-titanium-vanadium voorraad.

Een Canadees project, het Northern Dancer project in de Yukon regio is één van s'werelds grootste en on-ontwikkelde tungsten-molybdeen voorraden.

Meer info over Largo Resources:
www,largoresources,com

Houd er rekening mee dat de gegeven analyses slechts de hoofdlijnen zijn en dit om u te stimuleren om uw eigen onderzoek over het onderwerp of aandeel te doen.

En "last but definitly not least" is het batterij producerende bedrijf CellCube Energy Storage Systems (het vroegere Stina Resources). Hun CellCube batterijen zorgen voor een zuivere, snelle en emissievrije energievoorziening op basis van de vanadium redox flow technologie. De CellCube maakt een onbeperkte cycly mogelijk van de batterij door vanadium zouten. Deze batterijen zijn niet ontvlambaar en niet explosief waardoor deze batterijen momenteel de meest veilige vorm van energy opslag zijn.

CellCube Energy Storage Systems.

Listing: CNSX: CUBE
Bedrijfsoprichting: 1986
Analyse op 11 november 2018
Cijfers uit het financieel verslag van het 1ste kwartaal 2018 (un audited)

CellCube Energy Storage Systems heeft een quick ratio van 96,68 en dus geen problemen om de rekeningen te betalen op de korte en lange termijn.

De bedrijfsschulden zijn laag en werden de laatste jaren sterk afgebouwd.

Er is voldoende cashflow voor de volgende jaren en er zijn zeer goede voorruitzichten op een nog sterker groeiende cashflow.

Een minpunt is dat het management / internen slecht 1% van de aandelen bezit.

4% van de aandelen wordt door institutionelen gehouden en 95% door het grote publiek.

Wat dit bedrijf extra interessant maakt is dat het de visie heeft om de eerste verticaal geïntegreerde producent van vanadium- en vanadiumelektrolyten in Noord-Amerika te worden voor de energieopslagindustrie.

CellCube Energy Storage Systems heeft de claims op de Bisoni McKay en Bisoni-Rio projecten.

Deze projecten hebben een pure vanadium bron. In tegenstelling tot de vanadium afzettingen met bvb ijzer , uranium of andere metalen betreft het bij deze projecten om zuiver vanadium in een koolstofhoudende schalie.

Het bedrijf is daarom van plan om een nieuw gevormde dochteronderneming voor deze projecten op te starten in de Verenigde Staten met de naam Vanadium 23 Corp.

Eind 2018, begin 2019 is het de bedoeling om hiermee een IPO te doen (IPO: Initial Public Offering).

Het bedrijf heeft het plan opgevat om voor elke 2 aandelen in CellCube Energy Storage Systems 1 aandeel in Vanadium 23 Corp aan te bieden (9).

Meer informatie over dit bedrijf:
https://www.cellcubeenergystorage.com/

Opportuniteiten: Investeringskansen voor iedereen, ongeacht de grootte van uw portefeuille.

Houd er rekening mee dat de gegeven analyses slechts de hoofdlijnen zijn en dit om u te stimuleren om uw eigen onderzoek over het onderwerp of aandeel te doen.

Literatuurlijst:

(1): **Bron:** https://nl.wikipedia.org/wiki/Vanadium

(2): **Boek:** Welding Metalurgy, linnert, volume 1 fourth edition, American Welding Society

(3): **bron:** https://smallcaps.com.au/china-new-vanadium-steel-rebar-standards/

(4): **bron:** https://www.prnewswire.com/news-releases/synergy-group-01539-hk-announces-us-3-2-million-expansion-to-the-vanadium-and-energy-storage-industry-300643241.html

(5): **bron:** https://smallcaps.com.au/vanadium-stocks-asx-ultimate-guide/

(6): **bron:** https://www.kingrivercopper.com.au/investor/presentations/investor-presentation.html

(7): **bron:** https://www.kingrivercopper.com.au/item/416-vanadium-scoping-study-1-november-2018

(8): **bron:** http://www.jorc.org/

(9): **bron:** https://www.cellcubeenergystorage.com/cubepr06282018

www.ingramcontent.com/pod-product-compliance
Lightning Source LLC
Chambersburg PA
CBHW070946220526
45469CB00007B/2533